# EXTRAITS ANNOTÉS

## De la loi du 27 juillet 1872

### SUR LE RECRUTEMENT DE L'ARMÉE

ET

# INSTRUCTIONS

### SUR LES FORMALITÉS

## Relatives à l'Engagement décennal

## CLASSE DE 1881.

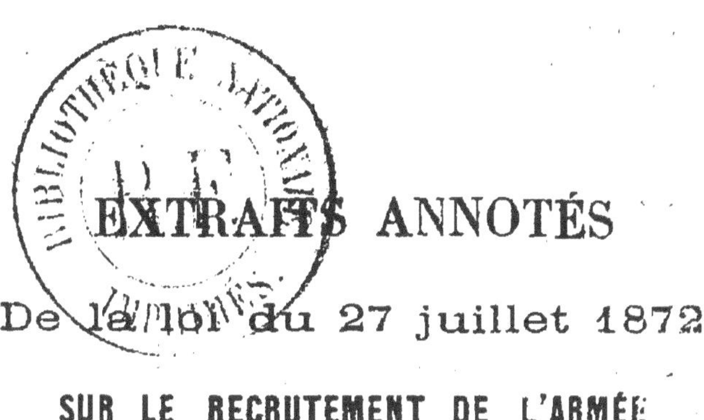

## Tableau des circonscriptions académiques.

| | |
|---|---|
| AIX. . . . . . . | Basses-Alpes, Alpes-Maritimes, Bouches-du-Rhône, Corse, Var, Vaucluse. |
| BESANÇON . . . | Doubs, Jura, Haute-Saône, Belfort. |
| BORDEAUX . . . | Dordogne, Gironde, Landes, Lot-et-Garonne, Basses-Pyrénées. |
| CAEN. . . . . . | Calvados, Eure, Manche, Orne, Sarthe, Seine-Inférieure. |
| CHAMBÉRY . . . | Savoie, Haute-Savoie. |
| CLERMONT-FER. | Allier, Cantal, Corrèze, Creuse, Haute-Loire, Puy-de-Dôme. |
| DIJON . . . . | Aube, Côte-d'Or, Haute-Marne, Nièvre, Yonne. |
| DOUAI . . . . . | Aisne, Ardennes, Nord, Pas-de-Calais, Somme. |
| GRENOBLE . . . | Hautes-Alpes, Ardèche. Drôme, Isère. |
| LYON. . . . . . | Ain, Loire, Rhône, Saône-et-Loire. |
| MONTPELLIER . | Aude, Gard, Hérault, Lozère, Pyrénées-Orientales. |
| NANCY. . . . . | Meurthe-et-Moselle, Meuse, Vosges. |
| PARIS . . . . . | Cher, Eure-et-Loir, Loir-et-Cher, Loiret, Marne, Oise, Seine, Seine-et-Marne, Seine-et-Oise. |
| POITIERS. . . . | Charente, Charente-Inf., Indre, Indre-et-Loire, Deux-Sèvres, Vendée, Vienne, Haute-Vienne. |
| RENNES . . . | Côtes-du-Nord, Finistère, Ille-et-Vilaine, Loire-Inférieure, Maine-et-Loire, Mayenne, Morbihan. |
| TOULOUSE . . . | Ariége, Aveyron, Haute-Garonne, Gers, Lot, Hautes-Pyrénées, Tarn, Tarn-et-Garonne. |

| | |
|---|---|
| ALGÉRIE . . . . | Alger, Constantine, Oran. |

# EXTRAIT DE LA LOI DU 27 JUILLET 1872

## SUR LE RECRUTEMENT DE L'ARMÉE

----

ARTICLE PREMIER. — Tout Français doit le service militaire personnel.

ART. 3. — Tout Français qui n'est pas déclaré impropre à tout service militaire peut être appelé, depuis l'âge de vingt ans jusqu'à celui de quarante ans, à faire partie de l'armée active et des réserves... (1).

ART. 4... — Les dispenses de service — ne sont pas accordées à titre de libération définitive (2).

ART. 16. — Sont exemptés du service militaire, les jeunes gens que leurs infirmités rendent impropres

----

(1) Les expressions *impropre à tout service militaire* doivent s'entendre, non seulement du service du soldat, mais encore de tous les autres services qui n'exigent pas les mêmes qualités physiques que celles nécessaires à l'homme qui combat, comme nous le verrons à l'art. 16.

(2) Dès que les conditions de la dispense cessent, l'obligation du service reparaît. Par exemple, un jeune homme a été dispensé *comme fils unique de veuve*, si sa mère vient à mourir ou à se remarier, il est soumis dès ce moment à toutes les obligations de la classe à laquelle il appartient.

à tout service actif ou auxiliaire dans l'armée (1).

ART. 17. — Sont dispensés du service d'activité en temps de paix :

1° L'aîné d'orphelins de père et de mère ;

2° Le fils unique ou l'aîné des fils, ou à défaut de fils ou de gendre, le petit-fils unique ou l'aîné des petits-fils d'une femme actuellement veuve ou d'une femme dont le mari a été légalement déclaré absent, ou d'un père aveugle ou entré dans sa soixante-dixième année ;

Dans les cas prévus par les deux paragraphes précédents, le frère puiné jouira de la dispense si le frère aîné est aveugle ou atteint de toute autre infirmité incurable qui le rende impotent.

3° Le plus âgé des deux frères appelés à faire partie du même tirage, si le plus jeune est reconnu propre au service ;

4° Celui dont un frère sera dans l'armée active ;

5° Celui dont un frère sera mort en activité de service, ou aura été réformé ou admis à la re-

______

(1) Pour que l'exemption soit accordée, il faut que les infirmités soient telles, que celui qui en est atteint ne puisse pas même concourir à un des nombreux *services auxiliaires* organisés dans une armée en campagne, tels que *postes, ambulances, télégraphes,* etc. D'où il est facile de conclure que l'*exemption* est extrêmement rare, et que nos jeunes Frères ne doivent demander à passer au conseil de révision que dans le cas d'infirmités *très graves,* jugées telles par un ou plusieurs médecins ; autrement ils s'exposeraient à se voir placés dans le service *auxiliaire,* nonobstant l'engagement décennal qu'ils auraient contracté, et qu'ils ne pourraient plus faire valoir pour être dispensés de ce service.

traité pour blessures reçues dans un service commandé, ou pour infirmités contractées dans les armées de terre ou de mer... (1).

La dispense accordée, conformément aux paragraphes 4 et 5 ci-dessus, ne sera appliquée qu'à un seul frère pour un même cas ; mais elle se répétera, dans la même famille, autant de fois que les mêmes droits s'y reproduiront.

Le jeune homme omis, qui ne s'est pas présenté par lui ou ses ayants cause, au tirage de la classe à laquelle il appartient, ne peut réclamer le bénéfice des dispenses indiquées par le présent article, si les causes de ces dispenses ne sont survenues que postérieurement à la clôture des listes.

. . . . . . . . . . . . . . . . . . . . . . . . . . . .

ART. 18. — Peuvent être ajournés deux années de suite à un nouvel examen, les jeunes gens qui,

---

(1) Il est de principe, en jurisprudence militaire, que les appelés d'une classe ne peuvent bénéficier de *deux dispenses à la fois* ; donc, entre les dispenses prévues par l'art. 17 ci-dessus, et celles prévues par l'art. 20, dont il sera parlé plus tard, nos jeunes frères ont à opter... Mais, comme les causes énumérées à l'art. 17 ne dispensent que *du service d'activité*, et seulement *en temps de paix;* comme, d'autre part, si la cause vient à cesser, *la dispense disparaît;* comme enfin, les dispensés en vertu dudit article 17, *demeurent assujettis à des exercices périodiques* incompatibles avec les devoirs de notre profession, il est évident que nos jeunes Frères *n'ont point à faire valoir* aux conseils de révision les cas de dispense prévus par le susdit art. 17, s'ils veulent persévérer dans notre Institut. Ils doivent donc prier leurs parents de ne point faire valoir ces cas, mais bien plutôt leur engagement décennal.

au moment de la réunion du conseil de révision, n'ont pas la taille de *un mètre cinquante-quatre centimètres*, ou sont reconnus d'une complexion trop faible pour un service armé (1).

Les jeunes gens ajournés à un nouvel examen du conseil de révision sont tenus, à moins d'un autorisation spéciale, de se représenter au conseil de révision du canton devant lequel ils ont comparu (2).

. . . . . . . . . . . . . . . . . . . . . . . . . . . . . . .

ART. 20. — Sont, à titre conditionnel, dispensés du service militaire (3) :...

5° Les membres et novices des associations religieuses vouées à l'enseignement et reconnues

---

(1) Ces ajournements à divers examens prouvent une fois de plus combien il est difficile d'obtenir *l'exemption* de tout service, et combien l'autorité militaire tient à s'entourer de toutes les précautions nécessaires avant de se prononcer.

(2) S'il arrivait qu'un jeune Frère qui, croyant avoir des infirmités graves, s'est présenté devant le conseil de révison pour obtenir *l'exemption*, fût ajourné à un nouvel examen, il pourrait, au lieu de se représenter devant ce même conseil, faire valoir, par l'entremise de ses parents, l'engagement décennal qu'il aurait contracté avant le tirage au sort de sa classe; par ce fait, il déclarerait renoncer au motif d'exemption qu'il avait invoqué.

(3) Cet article, qui nous concerne spécialement, renferme une dispense *conditionnelle*, il est vrai, mais *définitive*, si les conditions en sont remplies; il est donc essentiel que, pour obtenir cette dispense, nos jeunes Frères se conforment rigoureusement aux avis et prescriptions des présentes instructions.

comme établissements d'utilité publique,... pourvu toutefois que,... avant le tirage au sort, ils aient pris, devant le recteur de l'Académie, l'engagement de se consacrer pendant dix ans à l'enseignement, et s'ils réalisent cet engagement dans un des établissements de l'association..., à condition que cet établissement existe depuis plus de deux ans, ou renferme trente élèves au moins.

Art. 21. — Les jeunes gens désignés en l'article 20 ci-dessus, qui cessent d'être dans une des positions indiquées audit article, avant d'avoir accompli les conditions qu'il leur impose, sont tenus :

1° D'en faire la déclaration au maire de la commune, *dans les deux mois*, et de retirer expédition de leur déclaration (1) ;

2° D'accomplir dans l'armée active le service prescrit par la présente loi, et de faire ensuite partie des réserves, selon la classe à laquelle ils appartiennent (2).

(1) La pénible nécessité où nous sommes de faire connaître à MM. les préfets ceux de nos jeunes frères qui rompent leur engagement, ne dispense pas ceux-ci de faire, *dans le délai indiqué*, la déclaration exigée par l'art. 21, et ils ne sauraient y manquer sans s'exposer aux peines édictées plus loin.

(2) La dispense du service militaire concédée par l'article 20 de la loi, étant complète, le législateur a jugé qu'il convenait que l'obligation du service reparût à peu près tout entière pour celui qui manque aux conditions de cette dispense : d'où il suit que le jeune homme qui, par exemple, romprait son engagement après trois ans, aurait cinq ans

Faute par eux de faire *la déclaration* ci-dessus, et de la soumettre au visa du Préfet... dans le délai d'un mois, ils sont passibles des peines portées par l'article 60 de la présente loi... (1).

ART. 22. — Peuvent être dispensés, à titre provisoire, comme soutiens indispensables de famille, et s'ils en remplissent effectivement les devoirs, les jeunes gens désignés par les conseils municipaux de la commune où ils sont domiciliés (2).

. . . . . . . . . . . . . . . . . . . . . . . . . . . . . . . . . .

ART. 25. — Les jeunes gens dispensés du service d'activité en temps de paix, aux termes de l'article 17 de la présente loi..., sont astreints, par un règlement du Ministre de la guerre, à *certains exercices* (3).

---

à passer dans l'armée active, un an dans la réserve de l'armée active, et le reste dans l'armée territoriale et dans la réserve de cette armée. Celui qui romprait son engagement après neuf ans, aurait cinq ans à passer dans l'armée active, et le reste (six ans) dans la réserve de l'armée territoriale, quel que soit, dans tous les cas, le numéro de tirage.

(1) Un mois à un an d'emprisonnement.

(2) Ceux de nos jeunes Frères qui se verraient dans la nécessité de réclamer ce cas de dispense, ne pourraient évidemment en remplir les conditions en demeurant dans notre Institut; c'est pourquoi nos Frères Directeurs de noviciats ne doivent point admettre les jeunes gens qui se trouvent dans ce cas.

(3) Ces exercices ne sont pas déterminés par la loi ; mais nos jeunes Frères, à raison de leurs fonctions, ne pourraient y prendre part : donc, nous le répétons, ils ne doivent pas faire usage des cas de dispense prévus par l'article 17.

Quand les causes de dispenses viennent à cesser, ils sont soumis à toutes les obligations de la classe à laquelle ils appartiennent (1).

Art. 26. — Les jeunes gens dispensés du service de l'armée active aux termes de l'article 17 ci-dessus..., sont appelés, en cas de guerre, comme les hommes de leur classe (2).

L'autorité militaire en dispose alors selon les besoins des différents services.

Art. 36. — Tout Français qui n'est pas déclaré impropre à tout service militaire fait partie :

De l'armée active pendant cinq ans ;

De la réserve de l'armée active pendant quatre ans ;

De l'armée territoriale pendant cinq ans ;

De la réserve de l'armée territoriale pendant six ans (3).

Art. 38. — La durée du service compte du 1<sup>er</sup> juillet de l'année du tirage au sort...

---

(1) Ainsi, un jeune homme aura fait usage d'un des cas de dispenses établis par l'art. 17 de la loi ; la troisième année, la cause de dispense vient à cesser, il retombe dans les obligations des jeunes gens de sa classe : *trois années de service actif, quatre années dans la réserve de l'armée active*, etc.

(2) Voir ce qui a été dit, pages 4 et 5.

(3) Cet article n'est autre que le développement de l'art. 3, qui soumet tout Français au service militaire, depuis l'âge de vingt ans jusqu'à quarante.

# AVIS TRÈS IMPORTANT

Nos chers frères qui ne sont pas brevetés et qui doivent contracter l'engagement décennal, cette année, auront soin de demander un *certificat d'examen*, à M. l'Inspecteur d'Académie, en résidence dans les départements où ils ont subi l'examen, en juillet dernier, sans obtenir le brevet.

Les frères qui ne se sont pas encore présentés aux examens se feront inscrire, au plus tôt, pour être examinés à la session prochaine de novembre, afin de pouvoir, eux aussi, réclamer le *certificat d'examen*.

Ce *Certificat* devra être joint à l'engagement décennal, lorsqu'on nous l'enverra ; car il est possible, et même probable, que Messieurs les Recteurs exigeront soit le *brevet*, soit le *certificat d'examen*, avant d'accepter les engagements décennaux.

# ENGAGEMENT DÉCENNAL.

## CLASSE DE 1881.

Pour que nos jeunes Frères puissent jouir de la dispense du service militaire, il est absolument *nécessaire* qu'eux et leurs parents accomplissent, avec la plus minutieuse *exactitude*, les formalités prescrites, telles qu'elles sont indiquées aux articles suivants :

1. Les jeunes Frères appelés par la loi sur le Recrutement, pour la classe de 1881, c'est-à-dire, ceux qui sont nés depuis le 1ᵉʳ janvier 1861 jusqu'au 31 décembre de la même année, inclusivement (1), devront, à la réception des présentes Instructions, faire leur engagement décennal, sur le *recto* d'une feuille de papier timbré, de 0 fr. 60 c. suivant la formule ci-après, ayant soin d'écrire, avec la plus *rigoureuse exactitude*, leurs nom et prénoms, dans l'ordre où ils se trouvent sur leur acte de naissance, qu'ils doivent avoir alors sous les yeux (2).

---

(1) Les Frères nés en France de parents étrangers non naturalisés, ne sont admis à concourir au tirage, qu'après leur majorité, c'est-à-dire à 21 ans accomplis ; ils doivent conséquemment s'abstenir de faire leur engagement avant cet âge, après s'être toutefois bien assurés qu'ils sont dans ce cas.

Ceux qui sont nés à l'étranger, de parents Français, sont Français, et doivent, en conséquence, contracter l'engagement décennal, s'ils veulent être dispensés du service militaire.

(2) Il est important que les Frères, avant d'écrire leur engage-

# FORMULE DE L'ENGAGEMENT DÉCENNAL

## A CONTRACTER PAR LES FRÈRES NÉS EN 1861.

**Cet engagement doit être écrit en entier de la main du contractant et signé par lui, sous peine de nullité.** (Circulaire ministérielle du 29 avril 1879).

Je soussigné (*nom de famille et prénoms*), né à (*hameau, commune et canton*), département d

le (*jour, mois et année de naissance, en toutes lettres*), membre [*ou* novice (1)] de l'Institut des Frères des Écoles Chrétiennes, depuis (*indiquer l'époque de l'entrée au grand noviciat*), appelé à satisfaire à la loi sur le Recrutement de l'armée, déclare contracter devant Monsieur le Recteur de l'Académie d              (2), conformément à l'art. 20 de la loi du 27 juillet 1872, l'engagement de me vouer pendant dix ans à l'enseignement.

Fait à (*résidence du contractant*), le (*date du mois en toutes lettres*) 1881.

(Signature.)

(*Nom de famille avec paraphe, précédé des initiales du nom ou des noms de baptême.*)

2. Les contractants feront légaliser leur signature par le Maire de la ville ou de la commune où ils résident actuellement, et celle du Maire, par le

---

ment, lisent cet acte bien attentivement *et en entier*, parce que, d'ordinaire, la date de la naissance se trouve dans le corps de l'acte, et non à la première ligne.

(1) Il n'y a que les novices qui ne sont pas employés qui doivent mettre le mot *novice*.

(2) Voir sur le Tableau, *page* 2, dans le ressort de quelle Académie est compris le département où réside actuellement le contractant.

Préfet du département, ou par le Sous-Préfet de l'arrondissement dans lequel se trouve la ville (ou la commune) qu'ils habitent (1).

3. Afin que le blanc qui restera, après leur signature, puisse suffire aux deux légalisations dont il vient d'être parlé, ils auront soin de commencer leur formule au haut de la page, de manière à terminer environ au tiers, ou tout au plus à la moitié.

Ils auront soin, en outre, de laisser une marge égale au diamètre du timbre, afin de ne pas s'exposer à écrire sur le recto du timbre même, ce qui est défendu par la loi, sous peine d'amende considérable.

S'il se glisse quelque erreur ou quelque omission dans la rédaction de leur engagement, ils la rectifieront, à la marge, par un renvoi, comme il est indiqué ci-après, et contre-signeront cette rectification, par les initiales de leurs nom et prénoms, avec paraphe. Les ratures non approuvées sont expressément interdites, ainsi que les grattages.

*Exemple d'omission.*

Jean-Baptiste Leblanc, né à Die, le 27 août 1861.

†————
Département de la
   Drôme.
         J.-B. L.

*Exemple de correction.*

-Dubost (Jean-Baptiste)

‖————
*Je dis* : Dubost (Jacques-Jean).
         J.-J. D.

---

(1) Il est essentiel que la signature du Maire et celle du Magistrat qui légalise soient accompagnées du sceau de leur administration respective.

4. Après s'être assurés d'abord si leurs parents savent signer, ils écriront, au dos ou verso de leur Engagement, le Consentement ci-après :

## FORMULE DE CONSENTEMENT

### DU PÈRE, DE LA MÈRE OU DU TUTEUR (1), A L'ENGAGEMENT DÉCENNAL.

Je soussigné [*ou soussignée*] (*nom et prénoms*),* demeurant à (*hameau, commune et canton*), département d ., autorise, par les présentes, M. (*nom et prénoms*), mon fils [*ou mon pupille*], membre [*ou novice*] de l'Institut des Frères des Écoles Chrétiennes, résidant à , à contracter devant M. le Recteur de l'Académie d ., conformément à l'art. 20 de la loi du 27 juillet 1872, l'engagement de se vouer pendant dix ans à l'enseignement.

Fait à , le (*date du mois, en toutes lettres*) 1881.

*Signature du père,* ou *de la mère,* ou *du tuteur.*

Nota. Les Frères ne doivent pas signer les corrections qu'ils feraient au Consentement, mais bien recommander à leurs parents

---

(1) A défaut de tuteur légal, le frère aîné, ou l'oncle, ou le parrain, peuvent signer le Consentement, comme tuteurs officieux.

* Si c'est la mère, on ajoute : veuve de (*nom et prénoms du père défunt*), demeurant à...

de les signer, eux-mêmes, et ceux-ci doivent écrire les initiales de leurs nom et prénoms, exactement dans l'ordre où ils se trouvent dans l'Acte présenté à leur signature.

5. Les contractants enverront tout de suite ce Consentement à leurs parents, pour qu'ils le signent et qu'ils fassent légaliser leur signature par le Maire de la ville ou de la commune qu'ils habitent, et celle du Maire par M. le Préfet ou M. le Sous-Préfet de l'arrondissement, et non par le Juge de paix. A cet envoi, sera jointe une lettre conforme au modèle suivant :

## MODÈLE DE LETTRE

POUR L'ENVOI DE LA FORMULE DE CONSENTEMENT, AUX

PARENTS.

*A*           , *le*           1881

**M**

Je vous envoie, ci-incluse, la formule du Consentement que je vous prie de donner à l'Engagement que je dois contracter pour être dispensé du service militaire. Ayez la bonté de signer cette pièce et de faire légaliser votre signature par M. le Maire, qui fera lui-même légaliser la sienne par M. le Préfet [*ou* le Sous-Préfet d       (1)], et non pas par le Juge de paix ; après quoi, vous me la renverrez *dans le plus court délai possible*, car il faut

_______________

. Indiquer l'arrondissement.

que je la transmette à mes supérieurs dès qu'elle me sera parvenue. Remarquez bien que cette formalité ne vous dispense pas de me faire inscrire sur la liste du tirage ; mais, *en me faisant inscrire*, vous aurez soin d'y faire mentionner mon droit à la dispense, comme *ayant contracté l'engagement décennal*.

Je suis, etc.

6. Les contractants dont les parents ne sauraient pas signer, écriront, au dos de leur Engagement, la formule suivante (1) :

## FORMULE D'ACTE DE CONSENTEMENT

### POUR LES PARENTS ILLETTRÉS.

Par devant nous, Maire de la commune d                   , canton d            , département d                          a comparu le sieur [*ou* la dame] (*nom et prénoms*),* lequel [*ou* laquelle], ne sachant signer, nous a déclaré, en présence des témoins d'âge requis, soussignés, autoriser M. (*nom et prénoms*), son fils [*ou* son pupille],

---

(1) Quand il se glisse quelque erreur dans le Consentement à donner par les parents illettrés, c'est au maire et aux témoins, et *non à tout autre*, d'approuver les corrections qui y sont faites.

* Si c'est la mère, on ajoute : veuve de...

membre [*ou* novice] de l'Institut des Frères des Ecoles Chrétiennes, résidant à

à  contracter,  devant M. le Recteur de l'Académie d                                      , conformément à l'art. 20 de la loi du 27 juillet 1872, l'engagement de se vouer pendant dix ans à l'enseignement.

Fait à                                   , le (*date du mois en toutes lettres*) 1881.

*Les témoins,*                          *Le Maire,*

Nota, Faire légaliser, comme il a été dit, art. 5, page 15.

7. Ils écriront, en outre, à leurs parents, une lettre conforme au modèle ci-après :

## MODÈLE DE LETTRE

POUR L'ENVOI DE LA FORMULE DE CONSENTEMENT AUX PARENTS ILLETTRÉS.

A                         , le                   1881

M

Je m'empresse de vous prévenir qu'il est indispensable que vous donniez votre consentement à l'engagement que je dois contracter pour être dispensé du service militaire. Or, comme vous ne savez pas signer, il faudra que vous ayez la bonté de vous présenter chez M. le Maire de votre commune, accompagné de deux témoins, pour déclarer que vous donnez votre consentement à mon Engagement décennal, dans la forme indiquée sur la pièce que je vous envoie.

Après que la signature de M. le Maire aura été légalisée par M. le Préfet [*ou* le Sous-Préfet d ............ . (1)], et non pas par le Juge de paix, vous me renverrez cette pièce, *dans le plus court délai possible*, parce que je suis obligé de la transmettre à mes supérieurs dès qu'elle me sera parvenue.

Cette formalité ne vous dispense pas de me faire inscrire sur la liste du tirage ; vous aurez soin d'y faire mentionner mon droit à la dispense comme *ayant contracté l'engagement décennal.*

Je suis, etc.

8. Tout Frère ayant contracté l'engagement décennal et qui se trouverait dans l'un des cas de dispense prévus par l'art. 17 de la loi du 27 juillet 1872 (voir ces cas, page 4 des présentes instructions), devra joindre à l'envoi de son engagement, une déclaration conforme au modèle ci-après (2) :

FORMULE DE DÉCLARATION.

Je soussigné (*nom et prénoms*), faisant partie de la classe de 1881; et ayant concouru au tirage dans le canton de          , département de          ;

Déclare, conformément aux instructions ministérielle du 19 mars 1874, et du 10 Décembre 1880,

---

(1) Indiquer l'arrondissement.

(2) Cette déclaration sera faite sur papier timbré, et la signature du déclarant légalisée comme celle de l'engagement.

opter pour la dispense résultant de l'engagement décennal quej'ai librement contracté le (*mettre ici la date dudit engagement*), et conséquemment renoncer à tous les autres cas de dispense que je pourrais avoir.

Fait à                                    le

(Signature.)

9. Lorsque les parents (*ou les tuteurs*) auront renvoyé, dûment légalisée, la pièce contenant l'Engagement décennal et le Consentement précités, le Frère Directeur y joindra *l'Acte de naissance* du contractant (1), et s'il y a lieu, la déclaration dont il vient d'être parlé; puis le tout, mis sous bandes croisées, avec l'indication : *Papiers d'affaires* (2) devra être adressé *immédiatement* au cher Frère CYPRIUS, Secrétaire Général de notre Institut, à Paris. Nous nous chargeons de faire, nous-même, parvenir les Engagements décennaux, ainsi que nos Attestations, à MM. les Recteurs des diverses Académies.

---

(1) L'envoi de l'Acte de naissance est de rigueur. Cette pièce doit être sur papier timbré, et non sur papier libre; la signature du Maire ou de l'Adjoint, apposée à cet Acte, doit être légalisée par M. le Président du tribunal civil de l'arrondissement ou par le Juge qui le remplace, ou même par le Juge de paix, lorsque les parents sont trop éloignés du chef-lieu du ressort d'un tribunal.

(2) Le port pour ces sortes d'envois n'est que de 5 centimes, pourvu que le poids ne dépasse pas 50 grammes; de 50 à 100 grammes, le port est de 10 cent., et ainsi de suite, en augmentant de 5 centimes par 50 grammes ou fraction de 50 grammes; toutefois, nos chers Frères Directeurs sont priés de remarquer que le paquet ne doit contenir aucune lettre, et il convient qu'il ne soit pas jeté à la boîte, comme les lettres ordinaires, mais qu'il soit remis à la personne qui tient le bureau.

10. Afin que l'envoi des pièces à l'autorité académique n'éprouve pas de retard, il faut que le Frère Directeur de chaque maison ait soin d'annexer aux pièces mentionnées à l'article précédent, l'État n° 1, qui est joint aux présentes Instructions : cet État, après avoir été rempli sous les yeux du Frère Directeur, ou par lui-même, selon les indications qui y sont contenues, doit être signé par lui et par les contractants.

11. Dans les maisons où il n'y aura pas de Frères compris dans la classe de 1881, nos chers Frères Directeurs renverront immédiatement, *sous bande*, à l'adresse indiquée ci-dessus, avec l'indication : *Papiers d'affaires*, sur la bande, l'État précité, après l'avoir daté et signé, et y avoir mis le nom de leur résidence (1).

12. Les Frères compris dans la classe de 1881, qui croiront pouvoir faire valoir le *seul* cas d'exemption de l'art. 16 de la loi sur le recrutement de l'armée, doivent, *le jour même* du tirage au sort, faire prier le Maire de leur commune, par l'intermédiaire de leurs parents (*ou* de leurs tuteurs), de leur obtenir de M. le Préfet l'autorisation de se présenter au Conseil de révision, dans le lieu même où ils résident en ce moment, ou dans le canton qui en est le plus rapproché.

---

(1) Ce paquet ne doit contenir aucune correspondance, sous peine d'amende

Voici le modèle de la lettre qu'ils pourront écrire à cet effet :

A Monsieur le Maire d (1).

Monsieur le Maire,

J'ai l'honneur de vous rappeler que je suis compris dans la classe de 1881, et que, ayant des droits à l'exemption, je me propose de les faire valoir devant le Conseil de révision. Or, comme l'emploi que j'exerce ne me permet pas de me rendre devant le Conseil qui se tiendra dans mon canton, je viens vous prier, Monsieur le Maire, de me faire autoriser, par M. le Préfet, à passer devant celui qui se tiendra à (2)                , département d                , dans lequel je réside actuellement, ou bien au chef-lieu de canton le plus rapproché.

Dans l'espoir d'obtenir, par votre bienveillant intermédiaire, l'effet de ma demande, je suis avec un profond respect,

Monsieur le Maire,

Votre très-humble et
obéissant serviteur,
N.
dit Frère N.
des Ecoles Chrétiennes.

A                , le                1881.

*N..B.* La copie de cette lettre devra être envoyée aux parents, qui auront soin de la remettre à M. le Maire, le *jour même* du tirage au sort.

---

(1) Nom de la ville ou de la commune où le Frère a concouru au tirage.

(2) Nom de la ville ou du chef-lieu de canton.

13. Les Frères atteints par la loi sur le recrutement, et qui, malgré nos recommandations, ne croiraient pas devoir contracter d'engagement, pour quelque raison que ce soit, doivent être inscrits, comme les autres, sur l'État n° 1, avec tous les renseignements demandés.

14. Les contractants doivent se faire inscrire sur la liste du tirage, dans la commune du domicile actuel de leurs parents (*ou* de leurs tuteurs), quand même ils seraient nés ailleurs (1).

15. Les Arrêtés d'acceptation rendus par MM. les Recteurs seront expédiés par nous à MM. les Préfets des départements où résident les parents des contractants ; avis de cet envoi sera donné aux Frères Directeurs et aux familles (2).

16. Il est très-important que nos chers Frères Directeurs nous fassent connaître, d'une manière exacte, le lieu où les contractants se font inscrire pour le tirage, quand ceux-ci ne sont pas inscrits au domicile de leurs parents (*ou* de leurs tuteurs), afin d'éviter toute erreur de notre part, dans l'envoi des pièces à MM. les Préfets.

17. S'il arrive qu'un Frère ayant contracté l'engagement décennal et rempli toutes les formalités indiquées plus haut, reçoive l'ordre de compa-

---

(1) Si quelqu'un d'eux n'avait ni père, ni mère, ni tuteur, ni aucun ascendant mâle qui pût remplir cette formalité, il faudrait que son Frère Directeur le fît inscrire d'office, à la mairie de la localité où il exerce, et nous donnât immédiatement avis de cette inscription.

(2) Si nos chers Frères Directeurs recevaient ces pièces de l'autorité académique, ils devraient nous les transmettre à *nous-même*, et non à d'autres.

raître devant le Conseil de Révision du lieu où il exerce, il s'y présentera, s'il a des infirmités physiques *graves*, afin de les faire valoir ; dans le cas contraire, il fera remarquer au Président du Conseil, que les pièces qui doivent opérer sa dispense, *comme Frère des Écoles Chrétiennes*, sont déjà entre les mains de M. le Préfet du département où il a tiré au sort.

18. Les Frères qui ont fait leur engagement l'année dernière, et qui, par oubli, n'ont pas été inscrits sur la liste du tirage, doivent faire réparer cette omission ; mais ils ne contracteront pas un nouvel engagement décennal, attendu que celui qu'ils ont déjà souscrit conserve toute sa valeur.

Toutefois, nos chers Frères Directeurs devront les inscrire sur le Tableau nº 1, avec tous les renseignements y indiqués, et ils auront soin de rappeler, dans la colonne des observations, que ces Frères ont fait leur engagement, l'année précédente.

Paris, le 1er octobre 1881.

F. IRLIDE.

PARIS. — IMP. V. GOUPY ET JOURDAN, RUE DE RENNES, 71.